DIE KLEINE HUMMEL BOMMEL

BRITTA SABBAG
MAITE KELLY
JOËLLE TOURLONIAS

arsEdition

Die kleine Hummel Bommel hat ganz kleine Flügel –
wie alle Hummeln.
Als sie eines Tages aus der Insektenkrabbelgruppe kommt,
ruft Bino Biene aus der Luft zu ihr herunter:
„Läufst du jetzt nach Hause? Mit deinen winzigen Flügeln
kannst du doch nie und nimmer fliegen!"
„Ja", lacht Walpurga Wespe, „schau uns an! Wir können richtig
durch die Luft sausen!" Sie fliegt hin und her, so schnell,
dass die kleine Hummel fast nur noch Staubwolken sieht.
„Los! Mach es uns doch nach, wenn du kannst!"

Bino und Walpurga brechen in lautes Gelächter aus.
„Das schafft Bommel nie!", rufen sie und fliegen davon.
Ob sie wohl recht haben?

Die kleine Hummel betrachtet ihr Spiegelbild in einem Tautropfen. Ihre Flügel sind wirklich klitzeklein! Wie sollen so kleine Flügel ihren kugelrunden Körper tragen? Ich werde bestimmt niemals fliegen können!, denkt Bommel traurig.

Mit hängendem Kopf macht sich die kleine Hummel auf den Weg nach Hause, natürlich zu Fuß.

Auf ihrem Weg kommt die kleine Hummel bei Lilli Libelle vorbei.
Die macht gerade ein Mittagsschläfchen.
„Wach auf, Lilli“, sagt Bommel, „ich muss dich was fragen.“
Lilli Libelle öffnet langsam ihre Augen.
„Warum sind meine Flügel so anders?“, fragt Bommel
und blickt bewundernd auf Lillis riesige Flügel.
„Deine Flügel sind so groß und prächtig!“
„Das hat seinen Grund“, antwortet Lilli schläfrig.

„Ich muss auf dem Wasser schweben, um dort die vielen Mücken zu fangen. Dafür brauche ich so große Flügel."
Lilli schließt ihre Augen. „Das ist ganz schön anstrengend", sagt sie noch und schläft auf der Stelle wieder ein.

„Ach so", wundert sich die kleine Hummel.
Warum aber ihre Flügel so anders aussehen, weiß sie noch nicht.
Nachdenklich läuft sie weiter.

Marie Marienkäfer fegt gerade vor ihrem Blätterhaus.
„Warum sind meine Flügel so anders?“, fragt die kleine Hummel und blickt staunend auf Maries Flügel.
„Deine Flügel sind groß und bunt!“
„Aber die Farbe und die Punkte sind doch nur eine Warnung“, antwortet Marie Marienkäfer.
„Das soll allen zeigen, dass ich bitter schmecke.
So werde ich nicht so schnell gefressen.
Und jetzt husch, husch aus dem Weg!“, sagt Marie und fegt weiter.

Als Nächstes kommt Bommel bei Pastor Fliege vorbei.
Der schreibt gerade eine Rede. Die kleine Hummel fragt:
„Warum sind meine Flügel so anders?“
„Was meinst du?“ Pastor Fliege schaut überrascht auf.
„Die anderen sagen, meine Flügel sind viel zu klein zum Fliegen.“
Verblüfft blickt Pastor Fliege durch seine großen Brillengläser.
„Kleine Hummel Bommel, jeder ist anders, und das ist auch gut so!“
„Die anderen sagen, dass ich nicht fliegen kann“, seufzt die kleine
Hummel. „Fliegen kann man lernen“, sagt Pastor Fliege.
„Frag doch mal Ricardo Raupe. Aber du musst dich beeilen,
kleine Hummel. Noch hat er sich nicht verpuppt.
Bald ist er ein Schmetterling und muss auch
noch fliegen üben.“

Ricardo Raupe ist schon zur Hälfte in seinen Kokon eingewickelt, nur sein Kopf schaut noch hervor. Bommel sagt hastig: „Bald bist du ein Schmetterling! Woher weißt du dann, wie man fliegt?“
„Keine Ahnung“, antwortet Ricardo nachdenklich. „Ich habe wirklich ein bisschen Bammel davor!“
Die kleine Hummel staunt: Sogar ein Schmetterling weiß nicht, ob er fliegen kann.
„Frag doch Gisela Grille“, meint Ricardo. „Sie singt immerzu über das Fliegen! Vielleicht weiß sie ja mehr?“ Und schwups, schon ist sein Kopf im Kokon verschwunden.

Gisela Grille zirpt an einem Feldweg ein wenig vor sich hin.
„Warum bin ich so anders?“, will Bommel wissen.
„Was meinst du?“, fragt Gisela Grille erstaunt.
„Die anderen sagen, meine Flügel sind viel zu klein
zum Fliegen. Du hast so schöne, große Flügel!“
„Wir Grillen können mit unseren Flügeln nur zirpen.
Aber du, kleine Hummel Bommel, du kannst fliegen!“

Gisela Grille stimmt ein Lied an und
die kleine Hummel hört aufmerksam zu.

WENN DU GLAUBST, DU BIST GANZ ALLEIN,
UND DU FÜHLST DICH VIEL ZU KLEIN, UM WICHTIG ZU SEIN,
GEH DEINEN WEG.
DU WIRST BALD SEHN,
GLAUB MIR, DU WIRST ES VERSTEHN.
JEDER IST ANDERS.
ES HAT SEINEN SINN, ES HAT SEINEN SINN.

DU WIRST BALD WISSEN, WER DU WIRKLICH BIST.
SCHLIESS DIE AUGEN, HAB NUR MUT.
DU WIRST BALD WISSEN, DASS DU FLIEGEN KANNST.
DU BIST DU.
DU BIST DU.

DU MUSST NICHT WEIT GEHN.
DU MUSST NICHT LANG SUCHEN.
ES STECKT BEREITS IN DIR.
ALLES HAT SEINE ZEIT.
HÖR IN DICH HINEIN,
UND DU WIRST GANZ FEST SPÜRN,
MUT IST IM HERZEN.
DENN ES HAT SEINEN SINN,
ALLES HAT SEINEN SINN.

DU WIRST ES SPÜRN,
HÖR IN DICH HINEIN,
DENN MUT IST IM HERZEN.
DU BIST DU.

Bommel denkt angestrengt nach.
Ich muss mich also einfach nur trauen. Aber wie geht das?
Gisela Grille sagt, mit Mut.
Die kleine Hummel überlegt. Plötzlich hat sie eine Idee:
Dr. Weberknecht weiß bestimmt, woher sie Mut bekommt!

Dr. Willi Weberknecht sortiert gerade ein paar Flaschen Medizin.
„Dr. Weberknecht“, sagt Bommel aufgeregt, „hast du eine Portion Mut für mich?“
„Wofür?“, fragt Dr. Weberknecht und schaut Bommel verwundert an.
„Damit ich fliegen kann!“
„Gut“, antwortet Dr. Weberknecht, „aber vorher muss ich dich untersuchen.“
Dr. Weberknecht hört die Brust der kleinen Hummel ab.
Sie muss die Arme heben und tief ein- und ausatmen.
„Schließ die Augen, kleine Hummel, und schlag ganz fest mit den Flügeln!“
Ein lautes Brummen ertönt. Brrrrumm, brrrrumm, brrrrumm!
„Und jetzt öffne die Augen!“
Die kleine Hummel kann es nicht glauben: Sie fliegt!
„Siehst du, Mut trägt man im Herzen!“, lacht Dr. Weberknecht.
„Das muss ich unbedingt Ricardo zeigen!“, ruft Bommel und fliegt eilig davon.

Von Ricardo Raupe ist nichts zu sehen.
Plötzlich erblickt Bommel einen wunderschönen Schmetterling unter einer großen Blume.
„Ricardo!", ruft die kleine Hummel, „bist du das?"
„Ja", jubelt Ricardo, „endlich bin ich ein Schmetterling!"
„Schau mal, wie ich fliegen kann!", freut sich die kleine Hummel und dreht – brummbrummbrumm – eine Extrarunde für Ricardo.
„Ob ich es auch einfach mal versuche?", fragt Ricardo.
„Nur Mut", jauchzt Bommel glücklich.
Da breitet Ricardo seine weiten Flügel aus – und hebt ab.
„Ach", Ricardo stößt einen tiefen Seufzer aus,
„ist das Fliegen schön! Noch viel schöner,
als ich es mir in meinen Träumen vorgestellt habe!"

Doch langsam geht die Sonne unter
und die kleine Hummel muss zurück nach Hause.

Mama und Papa Hummel warten schon sehnsüchtig
auf ihre kleine Hummel Bommel.
„Seht nur, ich kann fliegen!“ Erleichtert fällt
die kleine Hummel ihren Eltern in die Arme.
„Natürlich kannst du das“, sagt Mama Hummel sanft
und drückt Bommel ganz fest.
„Aber warum ich so winzige Flügel habe, konnte mir
keiner erklären“, erwidert die kleine Hummel nachdenklich.
„Wir ernähren uns von Blütenpollen, mein Schatz“,
sagt Papa Hummel. „Wir sammeln den Nektar
in unserem Magen. Deswegen sind wir kugelrund.
Unsere Flügel mögen vielleicht winzig sein,
aber sie sind besonders stark. Sie tragen uns überall hin!“

Zufrieden kuschelt sich die kleine Hummel
zwischen ihre Eltern.
„Gute Nacht, mein mutiges Hummelkind!“,
flüstert Mama Hummel.
„Gute Nacht“, murmelt Papa Hummel.
„Ohhhhhmmm!“, gähnt Bommel leise.

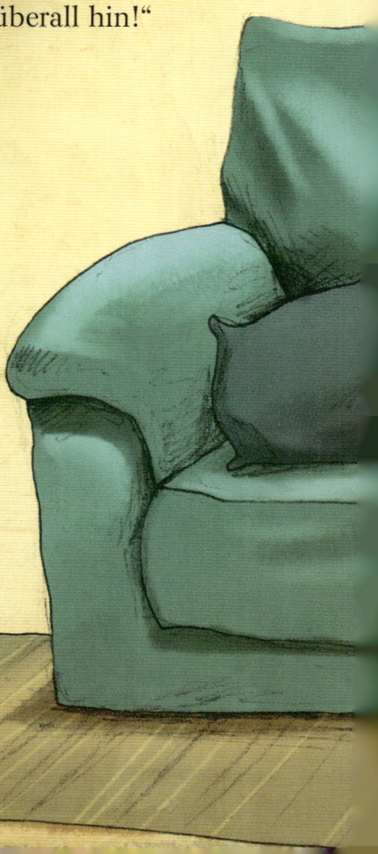

Gute Nacht, kleine Hummel.
Und träum schön von neuen Abenteuern!

BRITTA SABBAG, geboren 1978 in Osnabrück, studierte Sprachwissenschaften, Psychologie und Pädagogik. Nach dem erfolgreichen Abschluss arbeitete sie einige Jahre als Personalerin, bis sie mit ihrem Roman-Debüt einen Spiegel-Bestseller landete. Viele weitere Romane, Jugend-, Kinder- und Bilderbücher folgten. Neben Büchern schreibt sie auch leidenschaftlich gerne Songs und Drehbücher und selbst vor Reimen macht sie keinen Halt. Sie lebt mit ihrer Familie und vielen verrückten und tierischen Bilderbuchfiguren in der Nähe von Bonn.

MAITE KELLY, geboren 1979 als zweitjüngstes Kind der Kelly Family, ist eine erfolgreiche Sängerin und Entertainerin. Als Komponistin und Texterin veröffentlicht sie nicht nur ihre eigenen Songs, sondern erreichte auch große Erfolge mit Arbeiten für andere Künstler. Außerdem konnte sie als Schauspielerin überzeugen und hat seit mehreren Jahren eine erfolgreiche Modelinie. Das Schreiben von Texten aller Art ist nach wie vor die Hauptleidenschaft der außergewöhnlichen Allround-Künstlerin.

JOËLLE TOURLONIAS, geboren 1985 in Hanau, hat Visuelle Kommunikation mit Schwerpunkt Illustration und Malerei an der Bauhaus Universität Weimar studiert. 2009 machte sie sich selbstständig und zeichnet, malt, lebt und liebt heute in der Pampa in der Nähe von Frankfurt am Main.

Britta Sabbag und Maite Kelly lernten sich bei einem Filmprojekt kennen. Sofort war klar, dass sie auf einer gemeinsamen Hummelwelle liegen.
Die Geschichten und Songs der kleinen Hummel werden gemeinsam bei vielen leckeren Honigkeksen entwickelt und mit Joëlle Tourlonias bilden sie das perfekte Hummelteam.

Noch mehr für kleine und große Hummel-Freunde:

ISBN 978-3-8458-2537-3

ISBN 978-3-8458-3013-1

ISBN 978-3-8458-3585-3

Mehr Infos, Liedtexte und Zusatzmaterialien
zu den Büchern unter:
www.hummelbommel.de

mit viel Liebe gemacht

arsEdition
... bringt Freude

Dieses Werk wurde vermittelt durch
die Michael Meller Literary Agency GmbH, München

ISBN 978-3-8458-3550-1

MIX
Papier aus verantwortungsvollen Quellen
FSC® C002795
FSC www.fsc.org